AF189061

Irland

lieben lernen

*Der perfekte Reiseführer für einen unvergessli-
chen Aufenthalt in Irland inkl. Insider-Tipps,
Tipps zum Geldsparen und Packliste*

Nora Willing

✈ INHALT

Das erwartet Sie in diesem Buch

Sie sehnen sich nach einer ruhigen und idyllischen Gegend mit vielen Mythen und einem Hauch von Magie? Dann sind Sie in Irland genau richtig.

Irland ist ein atemberaubendes Land mit freundlichen Einwohnern. Als außenstehende Person erscheint dieses Leben wie in einem Märchen. Der Zauber der Grünen Insel zeigt sich in seinen unbeschreiblich schönen Landschaften und spannenden Geschichten, versteckt in Sehenswürdigkeiten. Selbst wenn das Wetter nicht immer mit strahlendem Sonnenschein dienen kann, ist die Insel für jeden Träumer, Abenteurer und Entdecker genau das Richtige. Bevor man Irland bereist, sollte man einige Legenden gehört haben, damit verstanden wird, wovon die Iren reden. Diese Legenden sind oft der Grundbaustein für wichtige Sehenswürdigkeiten Ihrer Reise. Die Sehenswürdigkeiten verteilen sich in die verschiedenen Grafschaften. Fast jede Grafschaft hat eine Besonderheit zu bieten. Beginnen Sie eine virtuelle Rundreise durch Irland. Gemeinsam mit seinen Geschichten, den hinreisenden Landschaften und den entzückenden kleinen Städtchen, die alle einen ganz eigenen Charme bieten. Reisen Sie durch die unterschiedlichen Grüntöne des Landes. Genießen Sie die eindrucksvollen Bauten und die wunderschön angelegten Gärten. Vergessen Sie alle Alltagssorgen und lassen Sie sich in den Zauber dieser Insel hinein katapultieren. Doch nicht nur die wunderschönen Landschaften lassen Irland zu etwas Besonderem werden. Denn auch die vielen Studentenstädte und die damit verbundenen Partys in den Pubs sind legendär. In den Straßen und Gassen der Städte und Dörfer von Irland dürfen natürlich die Pubs nicht fehlen. Vom berühmtesten College Irlands über spektakuläre Kathedralen bis hin zum

Whiskey und Bier Tasting finden Sie in Dublin alles. Lassen Sie sich überraschen und machen Sie sich bereit für eine Reise, die Sie in Ihrem Leben nie vergessen werden.

NORA WILLING

Die Geschichte Irlands

Bevor Sie in das unglaubliche Land der Legenden reisen, sollten Sie sich auf jeden Fall im Vorfeld informieren. Irland ist nicht immer schon ein Vorzeigeland, wie in den Filmen „Brooklyn" oder „P.S. Ich liebe dich". Das magische Land hat eine schwere Geschichte hinter sich und musste sich mit mehreren Jahren Krieg und Streit herumschlagen. Zuerst sollten Sie sich aber über die einzelnen Provinzen und Grafschaften bewusst sein. Sonst ist so eine Reise ziemlich verwirrend.

GRAFSCHAFTEN UND PROVINZEN

Irland ist in vier Provinzen gegliedert: Leinster, Ulster, Munster und Connacht. Diese Provinzen sind wiederum in insgesamt 32 Countries (Grafschaften) unterteilt. Sechs der neun Grafschaften der Provinz Ulster bilden Nordirland, das zu Großbritannien gehört.

Die Einteilung in die vier Provinzen ist schon sehr alt, es gab früher in jeder der Provinzen einen König, die alle dem Hochkönig (High King) dienten. Die Provinzen sind heutzutage nicht mehr so wichtig wie die Grafschaften. Vergleichsweise können die Grafschaften beschrieben werden wie in Deutschland die Landkreise. Die Provinzen hingegen sind vergleichbar mit den Regierungsbezirken in Bayern. Einige der Grafschaften verbergen spannende und mystische Besonderheiten, die auf vielen Geschichten basieren. Das Grundwissen, dass drei wichtige Countries Nordirlands bilden, sollte auf jeden Fall vorhanden sein.

Ein Country, welches Nordirland bildet, ist z. B. Antrim. Diese Grafschaft hat eine spektakuläre Landschaft. Durch die authentischen Täler und Küstenstraßen, wie sie im Film gezeigt werden, finden

Sie das eindrucksvolle Vulkangestein, den Giant's Causeway. Dieser gigantische Überweg besteht aus 37.000 Basaltsäulen, die, umso weiter sie ins Meer ragen, immer weiter nachlassen. Das Country Derry, welches die zweitgrößte Stadt Nordirlands ist, zerriss während den Unruhen in der Politik. Doch nach dem Wiederaufbau wurde diese Stadt doch zu einem der fortschrittlichsten in Irland. Auch Donegal bietet in Nordirland atemberaubende Landschaften. Im Südwesten Donegals finden Sie die aristokratischen Küsten, welche einen tollen Blick auf die verlassene Halbinsel Inishowen bietet. Diese Insel hat eine wichtige Besonderheit. Sie bildet die Nordspitze Irlands, welche die Form eines Speerblattes hat.

Den Großteil der Grafschaften beheimatet aber die Republik Irland. In Südirland sind auch die meisten Sehenswürdigkeiten zu finden. Sie werden stauen, welche Geschichten die einzelnen Countries mit sich bringen. Wenn Sie dachten, Sie reisen nach Irland, um einfach die schönen Landschaften und netten Menschen kennenzulernen, dann haben Sie falsch gedacht. Sie sollten sich der Kultur und den tiefsten Geheimnissen Irlands öffnen. Erst dann können Sie nachvollziehen, wieso die Iren ein so eindrucksvolles und ausgeglichenes Volk sind. Vergessen Sie nicht, dass die Menschen in der Republik Irland eine eigene Sprache haben. Natürlich wird hier zum größten Teil Englisch gesprochen. Doch oft sieht man auf Straßenschildern die Bezeichnung sowohl in Englisch als auch in Gälisch beschrieben. Die Einheimischen lernen in der Grundschule Gälisch, wie die Deutschen Englisch lernen. Das sind einfache Begriffe, die aber zur Bildung des irischen Volkes gehören. Viele Iren können aber im Erwachsenenalter schon gar kein Gälisch mehr, mit Ausnahme der ländlichen Gegend. Viele Bauern, die noch Höfe und Landwirtschaft betreiben, sprechen fast nur in der gälischen Sprache. In der Republik Irland finden Sie die Grafschaft Galway (irisch/gälisch: Gaillimh).

Im Westen, direkt an der Küste, finden sie diese Grafschaft, inmitten der Provinz Connacht. Gaillimh kommt aus dem Gälischen und bedeutet Außenstehende oder Fremde. Dieses Gebiet inspiriert viele Künstler wie Steve Earle oder Ed Sheeran in ihren Liedern, beispielsweise „Galway Girl". Die Dublin City gehört ebenfalls zu eines der besonderen Countries. „Dublin's fair City" ist ein typisches Volkslied, in dem es um eine Frau namens Molly Malone geht.

Dieses Lied wird als indirekte Hymne von Irlands Hauptstadt bezeichnet, wobei auch eine Statue der Molly Malone in Dublin steht. Dublin ist eine recht hektische Stadt, die aber trotzdem das Flair der Grünen Insel zusammenführt. Diese Stadt ist durchaus belebt und zeichnet sich mit seinen vielen jungen Menschen und Studenten aus. Diese füllen oft schon nachmittags die Pubs in der Innenstadt Dublins. Hier ist für jeden etwas dabei. Sehenswürdigkeiten, Geschichte und viel Party. Der absolute Hingucker in Offaly ist die Kolsterruine Clonmacnoise, eine bestens erhaltene Stätte. Diese Stätte wurde schon früher und auch heute noch als Pilgerort genutzt.

Im 5. Jahrhundert wurde diese Stadt, welche sehr klösterlich angehaucht ist, von dem Mönch Ciaran gegründet. Die Stadt Clonmacnoise, in der sich Lehre, Handwerkskunst und Handel bis zum 12. Jahrhundert entwickelten, wurde mit großem Reichtum belohnt. Doch dieser Reichtum brachte auch viele Raubzüge mit sich. Jedes Hab und Gut, selbst die Fensterscheiben, wurden aus Clonmacnoise davongetragen.

Country Wexford ist die im äußersten Süden gelegene Grafschaft, welche vom Golfstrom profitiert.

Dieser Country hat ein sehr mildes Klima. Endlose Sandstrände zieren die sensationellen Landschaften. Einer dieser Sandstrände ging mit dem Oskar nominierten „Der Soldat James Ryan" in die Geschichte der Filme ein. Denn nicht die Normandie, sondern der 11 km lange Strand von Curracloe wurde für die Eröffnungsszene des Filmes gewählt.

Die Grafschaft Clare bietet märchenhafte Wälder, Hügel, schroffe Landschaften und „The Burren" (eine uralte Kalksteinlandschaft). Auch die beeindruckenden Cliffs of Moher mit der adrenalinreichen Aussicht auf den Atlantik gehören zu der wunderschönen Grafschaft Clare. Dieser Country ist eines der beliebtesten Orte für Touristen, und das zurecht. Denn hier erkennen Sie, welche wunderschönen Naturwunder in Irland geboten sind.

Kerry, im Südwesten Irlands, zeigt Ihnen, was Irland weiterhin zu bieten hat. Sie stellen sich auf postkartenreife Küsten, für die Werbung genutzte Schafe und Kühe auf endlosen Weiden mit teilweise zerfallenen Steinmauern ein? Dann sind Sie in dieser Grafschaft genau richtig. Jedes Magazin und jeder Reiseführer nimmt die Fotos der Landschaften in Kerry auf ihre Titelbilder. Das kleine Country bietet alles, was sie sich in Irland vorstellen. Natürlich gehören hier auch die traditionelle irische Volksmusik, die irische Kost und entzückende kleine Städtchen, die einen romantischen Flair aufweisen, dazu.

Das Country Limerick ist berühmt für seine Geschichte. Denn diese Grafschaft wurde im 9. Jahrhundert von Wikingern gegründet. Auf einer Insel inmitten des Shannon Rivers fanden Sie die kleine Siedlung. Damals wurden die Wikinger dann durch die Brian Boru verdrängt. Im weiteren Zeitalter des 12. Jahrhunderts kamen dann die Normanen nach Limerick. Diese teilten den Country in eine Süd- und eine Nordhälfte. Daraufhin erhielt Limerick im Jahr 1691 eine Ehrung für den eindrucksvollen Kampf gegen die britische Unterdrückung.

Zuletzt ist das Country Waterford zu erwähnen. Dieser Country ist die älteste irische Stadt der Republik Irlands und im Südosten zu finden. In dieser Grafschaft finden Sie viele Häfen, darunter auch den ersten und immer noch aktiven Hafen entlang der sandigen Küsten.

IRLANDS UNABHÄNGIGKEIT

Fast jedes Land hat ein Kriegschaos in seiner Geschichte, auch Irland. Deshalb sollte das auch Ihnen nicht vorenthalten werden. Der Nordirland-Konflikt ist schon uralt. Doch was steckt eigentlich hinter der Auseinandersetzung? Wieso bekämpfen sich Iren und Briten (Nordiren) schon seit Jahrhunderten bis aufs Blut? Um diese und weitere Fragen zu beantworten, müssen wir zuerst eine kleine Zeitreise in das Jahr 1169 machen. Hier begann alles. Denn damals eroberten Normanen und Engländer Irland. 1606 wurde Nordirland von Protestanten und Nordiren besiedelt.

Darauf folgte eine Enteignung der irischen Bevölkerung zugunsten der neuen Siedler. Diese Unterdrückung führte zu Aufständen auf der Seite der irischen Republik. Doch trotz der Aufstände verbesserte sich die Situation nicht. Die Iren hatten nur noch weniger Rechte. 1801 verordnete dann das Unionsgesetz die Eingliederung Irlands in Großbritannien, woraufhin das irische Parlament aufgelöst wurde. In der Folge kam es zur Eskalation. Jeder noch so friedliche Versuch der Iren, die irische Regierung wieder zu errichten, wurde blutig niedergeschlagen. Die sogenannte IRA (Irische Republikanische Armee), die sich vermehrt terroristisch gegen die Unterdrückung wehrte, bekam immer mehr Zulauf. 1922 wurde Irland zu einer eigenen Republik ernannt. Nordirland hingegen musste sich Großbritannien weiterhin anschließen. Dadurch, dass die Einheimischen schon seit langer Zeit eine Minderheit in Nordirland darstellen, benachteiligt und unterdrückt werden, wollten diese den Streit nicht fallen lassen. Seit 1966 gab es ca. 3.600 Tote und 4.050 Verletzte. Davon waren mehr als die Hälfte Zivilisten. Die IRA (Irische Republikanische Armee) ist zwar seit 1922 verboten, aber das hindert sie nicht daran, zwischendurch aktiv zu werden.

In der heutigen Zeit versucht sie aber größtenteils politisch an ihr Ziel zu kommen. In Nordirland gibt es selbst noch heute Konflikte zwischen den Einheimischen und den Protestanten. Es ist also ein Streit um Unabhängigkeit, Gleichberechtigung und politische Macht.

MYTHEN, SAGEN UND LEGENDEN

Stellen Sie sich vor, Sie können inmitten einer spektakulären Landschaft mit saftigen grünen Wiesen, wunderschön blühenden Blumen und vielen Schafen, die gemütlich auf den großen, bis in den Horizont reichenden Wiesen grasen, viele kleine Leprechauns über die zahlreichen Steinmauern klettern sehen. Das sind alles nur Hirngespinste? Nein! Nicht für die Iren.

Denn die Iren sind ein sehr gläubiges Volk, welches auf seine Legenden, Mythen und Geschichten beharrt. Die ganzen Sagen und Erzählungen sind Teil dieses Landes. Erst nachdem man gehört hat, mit welcher Überzeugung die Iren über ihre Legenden sprechen, kann man nachvollziehen, wie wichtig dieser Sagenschatz für sie ist. Erst wenn man diese Begeisterung und Überzeugung gehört hat, kann man sich in diese Sagen hineinversetzen. Einige wichtige Geschichten und Sagen sind Teil von Irland und der Rundreise, die Sie nicht verpassen sollten!

Wie könnte man eine Reise inmitten der irischen Sagen besser beginnen als mit den Leprechauns. Diese kleinen Kobolde sind die bekanntesten Fabelwesen in der irischen Mythologie. Meistens werden die Wesen als kleine Männchen in typischer grüner, irischer Kleidung und mit grünem Hut dargestellt. Diese Volkslegende gibt es schon seit dem 8. Jahrhundert.

In Country Fermanagh, welches in Nordirland liegt, wird eine Geschichte erzählt, in der es um Liebe und Dummheit geht. In Fermanagh gab es kaum Wasser. Der einzige Ort, an dem es Wasser für die Bewohner zum Trinken gab, war der Brunnen in der Stadtmitte. Dieser Zauberbrunnen sollte inmitten dieses trockenen und dürren Landes gestanden haben. Eines Tages kam ein Liebespaar zu dem Brunnen, um daraus zu trinken. Mit lauter Turteln beschäftigt, vergaß das Paar, den Zauberbrunnen wieder abzudecken. Als dann am nächsten Morgen die ersten Sonnenstrahlen auf das im Brunnen stehende Wasser brannte, schwappte das Wasser aus dem Brunnen und floss so lange daraus, bis der Fluss Lough entstanden war. Über die Hälfte von Fermagh ist mit Wasser überdeckt. Dieser Country hat deshalb einen besonderen Namen: „The Lakeland Country."

Giant's Causeway:

Der Causeway ist ein Damm, der aus ca. 37.000 Säulen, die aus Basalt, also dunklem Erdgussgestein, besteht. Durch eine irische Legende hat der Damm eine besondere Bedeutung für die Einheimischen. In der Legende geht es um Fionn MacCumhaill (FinnMcCool). Dieser soll sich aus Wut auf seinen Nachbarn Benandonner den Damm als Trittbrett nach Schottland geschaffen haben. Er riss Stücke von der Küste Antrim ins Meer und baute sich so eine Brücke zu seinem Feind. Schnell erkannte Fionn aber, dass der Nachbarsriese gigantisch groß war, und trat den Rückzug an. Der furchteinflößende Benandonner folgte Fionn. Doch Fionns Frau tarnte ihn auf dem Rückweg als Baby. Daraufhin erschrak Benandonner. Denn, wenn das Baby des Riesen von Irland schon so riesig ist, wie groß ist dann sein Vater? Aus Angst vor dem Vater brachte sich der schottische Riese in Sicherheit. Und Fionn und seine Frau waren somit ebenfalls in Sicherheit.

Die Erscheinung des O'Donoghue:

Damals, als die Sagen begonnen wurden, zu erzählen, war O'Donoghue Fürst von dem Land, in dem der heutige See von Killarny liegt. Seine Untertanen waren sehr glücklich und zufrieden mit ihrem Fürsten. Er war sehr schlau, gerecht und voller Wohlwollen. Zudem kämpfte er selbst im Krieg, versuchte, Frieden zu schaffen, und war in seiner Regierung sehr streng, aber fair. Denn nicht nur Fremde, Verbrecher oder andere, sondern auch sein eigener Sohn wurde wegen eines außerordentlich unverantwortlichen Verhaltens ins Gefängnis verbannt.

Dieses Gefängnis befindet sich auf einer Felseninsel. Der Tod des Fürsten war sehr seltsam und geheimnisvoll, denn man kann es eigentlich keinen Tod nennen. Auf einem seiner prachtvollen Feste, die er in seinem Hof veranstaltete, kam ein prophetischer Geist über ihn und sagte ihm seine Zukunft voraus. Die Untertanen des Fürsten, welche auch auf dem Fest feierten, lauschten gespannt. Sie staunten und konnten nicht glauben, was gerade passiert. Der Geist verkündete offen, nachdem er die Tapferkeit, die Ungerechtigkeiten und die Verbrechen erwähnte, das Elend der Nachkommen des Fürsten. Doch mitten in den Prophezeiungen erhob sich O'Donoghue langsam von seinem Sitz, bewegte sich mit majestätischen Schritten auf das Ufer des Sees zu und ging ruhig auf der Oberfläche des Wassers fort.

Als er fast in der Mitte des Sees war, blickte der Fürst einen Augenblick um und schaute zurück zu seinen Freunden und Untertanen, als würde er Abschied nehmen und verschwand für immer.

Das Andenken an den damals geliebten Fürsten O'Donoghue ist von dem folgenden Volk respektvoll und mit Ansehen behandelt worden. Man glaubt, jedes Mal am ersten Mai, an dem Tag, an dem der Fürst gegangen ist, kommt er wieder, um sein Reich zu besuchen. Bei Sonnenaufgang kann man ihn sehen, doch nur wenigen Begünstigten ist dies vergönnt. Das Glück zu haben, den Fürsten zu sehen, soll ein Zeichen für reichliche Ernte sein, was als Mangel während der Regierung dieses Fürsten von seinem Volke niemals gefühlt wurde.

Einige Jahre waren vergangen, als die letzte Erscheinung des Fürsten gesichtet worden war, doch dieses Jahr im April war es sehr stürmisch und unruhig gewesen. Am Morgen des ersten Mais hatte sich jedoch die Wut der Natur gelegt. Die ersten Sonnenstrahlen der Sonne schienen wie Gold auf den Gipfel des Berges, bis plötzlich das Wasser des östlichen Ufers des Killarney Sees bewegt wurde. Im nächsten Moment schoss eine riesengroße Welle nach vorne, die einem Streitross mit hochgekämmter Mähne glich. Hinter dieser gigantischen Welle erschien ein bewaffneter Krieger, welcher auf einem weißen Pferd saß. Dieser Krieger war O'Donoghue. Hinter ihm folgten zahlreiche Jungen und Mädchen, die sich leicht wie Feen und Elfen auf dem Wasser bewegten. Sie folgten ihrem Fürsten auf dem Takt der bezaubernden Melodie, die aus dem Nichts erklang. Als O'Donoghue fast die westliche Seite des Sees erreichte, kehrte er plötzlich um und ritt längs dem waldbekränzten Ort Glenaa entgegen. Der freudige Zug seiner Diener folgte ihm stets auf Schritt und Tritt. Daraufhin erreichte der ehemalige Fürst die Enge zwischen Glenaa und Dinis. Er ritt die Enge entlang und verschwand im Nebel. Doch die Musik, welche noch immer die Jungen und Mädchen auf ihren Sprüngen hinter O'Donoghue begleitete, war für die Zuschauer so lange als Echo zu hören, bis das letzte der zauberhaften Wesen in der Enge verschwunden war.

Die Kylemore Legende – Bügeleisen Stein (auf dem Kylemore Abbey Anwesen)

Der bügeleisenförmige Stein wurde wie ein Ball von Cù Chulainn und Fionn Machuall zum Spielen genutzt. Einer der beiden magischen Wesen hauste auf dem Berg namens Dùchruach und der zweite auf dem Mweelins Berg. Wünsche sollen erfüllt werden, wenn man mit dem Rücken zum Stein einen Kieselstein darüber werfe.

Die Legende von Blarney Castle:

Das Blarney Castle liegt nördlich von Cork und ist eine ehemalige Holzburg. Diese Burg besitzt einen Stein, der Sprachgewandtheit verleihen soll. Wenn dieser Stein geküsst wird, soll jeder, der dies hinter sich gebracht hat, die Gabe des freien Sprechens erhalten.

Die Grüne Insel

IRLAND UND SEINE ATEMBERAUBENDEN LANDSCHAFTEN

Irland ist umgeben von wunderschönen, atemberaubenden und beeindruckenden Landschaften. Jedes andere Land kann neidisch auf diese Wiesen, Seen und Berge sein. Es heißt, Irland kann Ihnen 40 Grüntöne bieten. Ja, das kann gar nicht in Worte gefasst werden. Das müssen Sie selbst sehen. Nicht jeder Fleck der Grünen Insel sieht gleich aus. Jede Gegend hat ein besonderes Flair, das die Natur Ihnen preisgeben will.

Doch wie ein malerisches Bild eines Künstlers liegt im Norden von Country Clare „The Burren". Dieses wundersame Exemplar einer vielschichtig wie geschwungenen Landschaft schlummert schon seit Jahrtausenden dort. „The Burren" ist eine Kalksteinlandschaft, die sich ab und an mit dem Mond gleichen lässt, zumindest für die Menschen, die den Mond noch nicht besucht haben. „The Burren" hat etwas Hartes an sich. Durch den überall aus dem Bogen ragenden Stein, der majestätisch über der Erde herrscht, wirkt jedes Blütenblatt einer Blume winzig und zerbrechlich.

Doch nicht nur graues Gestein, Schluchten und Felsspalten zieren „The Burren". Denn Blumen wie violettes Mannsknabenkraut, weißgelber Augentrost und frostblaues Kalk-Blauglas, welche zwischen dem grauen Gestein hervorblitzen, präsentieren die Magie von Burren.

Für Sie heißt das, dass Sie ein unglaubwürdiges Ökosystem durchqueren, welches schon vor vielen Jahren von der Europäischen Union zum Naturschutzgebiet ernannt worden ist.

Doch gibt es auf dem Mond auch Pflanzen? – Nein, aber im irischen Burren schon. Denn der spröde Bereich des Burren kann glatt mit dem Mond verwechselt werden. Selbst diese kaum fassbare Landschaft hat noch eine Landwirtschaft. Diese

Aufgabe wurde schon zu einer Tradition übergeben. Das ganze Vieh übersät im Winter die versteinerten Hügel des Burren und frisst in den winzigen Zwischenräumen das Unkraut heraus. Dadurch ist der zarten Pflanzenwelt, welche sich darunter versteckt, für das Frühjahr alles frei gegeben.

WAS MÜSSEN SIE IN IRLAND GESEHEN HABEN?

Endlich in Irlands Hauptstadt angekommen, begrüßt Sie der stürmische Küstenwind mit zerzausten Haaren. Der große, oft überlaufene Flughafen bedarf einen längeren Fußmarsch bis zum Ausgang. Dann endlich können Sie die wuselige und oft hektische Stadt Dublin betrachten. Schon hier beginnt das Flair der Grünen Insel, auf Sie zu wirken und einem das Gefühl zu geben, in einem Märchen zu sein. Bald schon merken Sie, dass das Wetter in Irland macht, was es will. Ein bisschen ist es mit unserem „April" in Deutschland zu vergleichen – April, April, der macht, was er will. So geht es den Iren das ganze Jahr über. Doch diese Iren sind wirklich hart im Nehmen. Mit kurzen Miniröcken, Turnschuhen oder einfach nur einem T-Shirt sind die Bewohner der Grünen Insel auch bei wirklich kaltem Wetter und starkem Wind unterwegs. Wenn wir verfrorenen Deutschen mit Winterjacke, dickem Pulli, Handschuhen, Schal und Mütze die wunderschöne Insel betrachten, sind die Iren das wechselhafte Wetter schon von Lebtag an gewöhnt. Nun aber raus aus der Stadt und rein in die zauberhaften Landschaften der geheimnisvollen Insel!

Schon kurze Zeit, nachdem die Stadt hinter einem liegt, beginnt der Zauber der Insel zu wirken. Das eigene Märchen der Reise zu den wichtigsten und spannendsten Orten der Republik Irland beginnt.

Ein irisches Sprichwort besagt: „Mögest du dir Zeit nehmen, die stillen Wunder zu feiern, die in der lauten Welt keine Bewunderer haben." Und genau diesem Sprichwort werden Sie nun nachgehen. Aus der Stadt heraus fahren Sie quer über das Land in Richtung Westen. Während der Fahrt genießen Sie die vielen verschiedenen faszinierenden Grüntöne der Wiesen, die grasenden Schafe und die vielen kleinen, teilweise schon zerfallenen Steinmauern. Schließen Sie Ihre Augen und versetzen Sie sich in die Welt der Iren. Es könnte sein, dass viele kleine Leprechauns mühsam über die Steinmauern klettern. Einige versuchen, die schon zerfallenen Mauern wieder aufzubauen und ihre Goldtöpfe für den nächsten Regenbogen zu verstecken. Genießen Sie die Ruhe, während nur der Wind über die Wiesen weht und jeder einzelne Grashalm sich in Windrichtung bewegt.

An der Westküste angekommen, warten schon die majestätischen Cliffs of Moher auf Sie. Die atemberaubende Aussicht auf der Spitze der Cliffs of Moher ist ein unbeschreibliches Erlebnis. Die Klippen sind an ihrer höchsten Stelle 214 m hoch und ziehen sich an der Westküste Irlands 8 km in die Länge. An manchen Stellen ragen sie beinahe senkrecht aus dem Meer in die Luft. Der erschreckend hohe Weg entlang der Küste bringt jedes Herz schneller zum Schlagen. Laufen Sie entlang der Küsten und spüren Sie den starken Wind, der das Wasser an die Klippen schlagen lässt. Lauschen Sie dem Meer, welches mit lauten Schlägen die Küste küsst. Es ist atemberaubend! Nachdem Sie diese hinreißende Aussicht genossen haben, sollten Sie sich das Cliffs of Moher Visitor Centre nicht entgehen lassen. In diesem Centre finden Sie ausreichende Informationen über die Klippen, Souvenirs und sogar eine Leinwand, an der man Fotos auf den malerischen Klippen schießen kann. Diese Fotos werden dann gleich als Postkarte bearbeitet und an Ihre angegebene E-Mail-Adresse gesendet. Das ist ein super Erinnerungsstück oder auch ein tolles Geschenk für die Lieben Zuhause.

Weiter in den zerklüfteten Westen Irlands finden Sie ein Gewölbe, in dem Irlands Traditionen sicher gegen den Lauf der Zeit gelagert werden – Connemara. Die romantische Region spiegelt alle Vorstellungen, die man sich von Irland macht. Mit ihren alten Steinmauern, den Ponys und den wilden Landschaften des Westens wirkt es wie in einem Film. Die irische Sprache (Gälisch), der Volksgesang und die traditionellen Tänze der Iren sind hier in Hülle und Fülle zu genießen. Wenn Sie das wunderschöne Connemara genießen konnten, dann wird Ihnen auch das am Ufer eines kleinen Sees gelegene Schloss Kylemore Abbey gefallen.

Am Parkplatz angekommen, laufen Sie einen kleinen geteerten Weg entlang und blicken direkt auf den klaren See, welcher ein eindrucksvolles Schloss spiegelt. An dem kleinen Kaffee und am

Souvenir-Shop vorbei, können Sie weiter auf das Kylemore Abbey zulaufen. Am Schloss angekommen, genießen Sie das prachtvoll gebaute Gebäude, welches mit seinen charmanten Farben alle Romantiker-Herzen höherschlagen lässt. Wenn Sie möchten, können Sie das Schloss besichtigen und sich fühlen, als wären Sie mitten in der Geschichte von Mitchell und Margaret Henry.

Das Kylemore-Schloss, aber auch die Abtei haben eine sehr spannende Geschichte hinter sich. Das Schicksal, Momente der Romantik und des Glücks, aber auch schreckliche Szenen des Verlustes musste das Anwesen miterleben. Auch die Tapferkeit und der Wille, Neues zu schaffen, waren in der Geschichte des Kylemore-Schlosses mitinbegriffen. Schon seit über 150 Jahren werden die Geschichten des Kylemore Abbey erzählt.

Mitchell Henry hat darunter eine bedeutende Rolle eingenommen. Mitchell war Doktor, Großindustrieller, Politiker und Pionier, welcher von 1826 bis 1910 lebte. Mitchell Henry war ein Wohltäter. Er hinterließ einen bleibenden Eindruck in der Geschichte, aber auch in den Herzen der Menschen von Connemara. Henrys Ansichten im Hinblick auf

Modernisierung waren innovativ und herausfordernd. Er experimentierte in jeder Hinsicht so weit, um sein Potenzial und sein Erscheinungsbild, aber auch seine Effektivität anzuheben. Durch seine Kreativität und sein Ideenreichtum schaffte er es, einen Garten zu erbauen, welcher einem Modell glich.

Ausgezeichnet wurde dieser Bauernhof als größter und schönster von Irland. 21 Gewächshäuser, die von einem Netzwerk mit Wasserrohren beheizt wurden, zierten den Garten. Nachdem er die Hauptstraße, welche nach Cliffden führte und eigentlich am Schloss vorbeiführte, verlegte, erleichterte ihn das ungemein. Denn die Erbauung des Schlosses war ziemlich schwer. Fast 3 ½ Kilometer der ursprünglichen Straße wurden zu seiner privaten Allee gemacht. Hier konnte man einwandfrei zu seinem Anwesen fahren und das Prachtstück bewundern.

Ununterbrochen suchte Mitchell nach Veränderungen, die das Leben leichter machen sollten. Und tatsächlich schaffte er es 1893, eine Elektrizität zu erschaffen, welche durch Wasserkraft betrieben wird. Anfangs wurde Kylemore Abbey mit Gas, vielen Kerzen und Heizöl beleuchtet. Doch bald stellte sich heraus, dass die von Mitchell erfundene Elektrizität im gesamten Haus genutzt werden konnte. Innerhalb von vier Monaten wurde alles umgebaut und installiert. Das System kostete 2.000 Pfund und hatte anstatt den 400 Pfund pro Jahr, nur noch 10 Pfund Betriebskosten.

Mitchell Henry versuchte, Kylemore Abbey in der Zeit, in der er besessen von neuen Ideen war, im „House of Commons" (Unterhaus des Parlaments) zu vertreten. Durch seinen gesunden Geist und die vielen Ideen versuchte er, die irische Bevölkerung zu verbessern und eine Schule auf seinem Gelände zu errichten. Diese Schule diente zur Unterrichtung der Kinder seiner Pächter, denen er dann auch in schweren Zeiten so gut wie möglich die Mieten verkürzte.

Mitchells Frau, Margaret Henry, war seine rechte Hand in der Zeit, zu der er seinen Ideenzwang und seine Kreativität ausleben musste. Bevor das Kylemore Abbey erbaut wurde, war eine Jagdhütte auf dem Grund gestanden. Über Erzählungen sagte man sich, dass Mitchell und Margaret in ihren Flitterwochen 1850 in Connemara waren. Dieser Ort war für Margaret ein bezaubernder Ort, sie verliebte sich sofort in Connemara. Mitchell kaufte daraufhin das fast 6 ½ Hektar große Gelände als Hochzeitsgeschenk für seine geliebte Margaret. Es war ein sehr romantisches Geschenk in einem romantischen Ort.

Mit ihren neun Kindern hatte die Familie ein glückliches und sorgloses Leben. Doch das Leben von Margaret in ihrem Märchenschloss sollte schon bald ein Ende haben. Die Henrys hatten eine große, glückliche Familie, was sie alle sehr genossen. Im Jahr 1874 erkrankte Mitchells Frau an der Ruhr. Sie waren eigentlich im Urlaub in Ägypten, als diese Tragödie begann. Leider verstarb sie innerhalb von 16 Tagen mit nur 45 Jahren. Die ganze Familie trauerte um diesen schrecklichen Verlust. Als Andenken für seine große Liebe, die Mitchell verloren hatte, erbaute er bis ins Jahr 1881 eine auffallend untypische neogotische Kirche. Die „Mini-Kathedrale" hat einzigartige Merkmale, die Mitchell seiner Frau zuliebe mit eingearbeitet hat. Im Inneren der Kirche finden Sie Säulen, die aus den vier verschiedenen Provinzen Irlands stammen. Grün, rosa, schwarz und grau sind die Farben, die die Säulen der außerordentlich schönen Kirche beinhalten.

Durch die Liebe, welche Mitchell zu seiner Frau aufbrachte, änderte er den gotischen Baustil etwas um und widmete die Kirche seiner Frau, welche er wegen ihrer Weiblichkeit so liebte. Deshalb waren die angsteinflößenden Kreaturen, welche ganz typisch für die gotischen Bauten waren, durch lächelnde Engel ersetzt worden. Nicht nur außerhalb, sondern auch im Inneren hat die Kirche weibliche Merkmale zu präsentieren. Denn die feinen Verzierungen oder die filigran bearbeiteten Buntglasfenster, die wichtige Elemente des Lebens beschreiben, finden Sie in der unglaublich schönen Kathedrale.

Als 1903 König Edward VII. zu Besuch nach Irland kam, machte er eine Rundreise in den Westen. Damals wurde er von Königin Viktoria begleitet, die sich unsterblich in Irland verliebte.

1910 verstarb dann auch Mitchell Henry, wobei seine Asche zu der seiner Frau gebracht wurde. Er und seine Frau hatten ihre letzte Ruhestätte im Mausoleum auf dem Schlossgelände. Nachdem Henry das Anwesen von einer unkenntlichen, langweiligen Gegend zu einem solch wunderschönen und eindrucksvollen Ort umgewandelt hat, hat er jede Art von Begeisterung verdient. Denn diese beeindruckende Leistung hat er trotz des schrecklichen Verlustes seiner Frau vollbracht. Diese Geschichte wird schon seit Jahrhunderten an jede Generation weitergegeben. Die Leute aus Connemara sind stolz auf das, was Mitchell geschaffen hat, und erzählen gerne die Geschichte, wie er aus Liebe zu seiner Frau ein solch fast unbezahlbares Anwesen für sie hergerichtet hat.

Als die Familie Henry das Anwesen nicht mehr führen konnte, wurde das Kylemore Abbey von den Benediktiner-Nonnen besetzt. Seit 1920, nachdem sie ihre Abtei aus Ypern aufgeben und fliehen mussten, leben die Nonnen in diesem Anwesen. In Ypern wurde 1665 eine Abtei gegründet, damit auch Frauen gerade in dieser schweren Zeit das Recht auf Bildung haben können.

Für fast 250 Jahre konnte die Abtei in Ypern bestehen bleiben, wurde aber letztendlich im Ersten Weltkrieg zerstört. Doch dadurch, dass die Nonnen schon immer ein weitaus besonderes Verhältnis und auch das Talent zur Bildung aufwiesen, gründeten sie eine Internatsschule. Diese bestand zwischen den Jahren 1932 und 2010. Das Kylemore Abbey wurde dann zu mehreren Klassenräumen umfunktioniert. Auch viele Schlafräume wurden geschaffen. Offiziell eröffnete die Schule dann im September

1923. Nicht nur irische, sondern auch ausländische Schülerinnen besuchten die Schule, den größten Teil bildeten jedoch Europäerinnen. Die meisten Schülerinnen kamen aus dem direkten Bezirk Galway und galten als Tagesschülerinnen. Das Internat zu dieser Zeit hatte aber wiederum 80 Internatsschülerinnen. Die Schülerinnen mochten ihre Schule und liebten es, die Erfahrung zu machen, einzigartig und lebensfroh unterrichtet zu werden. Diese Gefühle nahmen sie noch weit über den Abschluss hinaus mit. Durch soziale Veränderungen wurden die Schülerzahlen stetig weniger. Die sinkenden Zahlen und die bald aussterbenden Nonnen, welche noch unterrichten konnten, brachten die Kylemore Abbey Schule, nachdem auch die noch letzten verbliebenen Schülerinnen das Abitur gemacht haben, 2010 zum Schließen.

Heute leben noch immer Nonnen im Kylemore Abbey. Als Direktorinnen des Kylemore Abbey Anwesens spielen sie immer noch eine bedeutende Rolle in der Struktur des heutigen Kylemores, denn sie sind das spirituelle Herz dieses Anwesens. Die Gemeinschaft in Kylemore hat sich verpflichtet, die Leitung und das an sie als benediktinische Nonnen angetragene Kulturerbe, zu übernehmen. Das beinhaltet die Verwaltung, das Geschäft, die Farm, handgemachte Kunstgegenstände (Seifen und Kosmetik, selbstgemachte Schokolade), Vorbereitung der Liturgie, Bereitstellung einer Bildungseinrichtung, Gäste willkommen heißen und tägliche Arbeiten im Haus und im Garten.

An sonnigen Tagen sollten Sie auf keinen Fall den wunderschönen Victorian Walled Garden verpassen. Dieser Garten befindet sich im Westen des Anwesens und ist mit einem längeren Fußmarsch oder einem regelmäßig fahrenden Shuttlebus zu erreichen. In diesem einzigen formalen Mauergarten Irlands wachsen noch heute Blumen und Pflanzen des viktorianischen Zeitalters. Der Garten ist wunderschön angelegt und man erkennt die Liebe zum Detail, die die Gärtner des Anwesens geleistet haben. Genießen Sie die Ruhe und Stille, lassen Sie die Sonnenstrahlen auf Ihr Gesicht scheinen und bewundern Sie den wunderschönen Garten mit einem kleinen Spaziergang über mehrere Etagen.

Wie in der kurzen Zeitreise zurück ins Jahr 1900, in dem Mitchell zum Andenken seiner verstorbenen Frau die „Mini-Kathedrale" erbauen ließ, ist diese gotische Kirche im neogotischen Stil erbaut worden und gilt jetzt, nach der Restaurierung, als großer Ort der Schönheit und Geistigkeit. Laufen Sie Richtung Osten an dem Schloss vorbei und machen Sie einen Spaziergang zur gotischen Kirche.

Wie schon in der romantischen Tragödie von Mitchell und Margaret Henry beschrieben ist, gab oder gibt es ein Mausoleum auf dem Anwesen. Das Mausoleum, welches östlich der Mini-Kathedrale zu finden ist, erreichen Sie mit einem circa 10- bis 15-minütigen Fußmarsch über einen schmal angelegten Schotterweg, welcher am Ufer des Sees durch einen kleinen Wald führt. Es ist wirklich wunderschön und jeden Zentimeter wert, den Sie zu Fuß gehen. Das Mausoleum liegt inmitten des kleinen Waldes, in einer kleinen Einbuchtung, was das Besichtigen mystisch macht. In das Mausoleum darf jedoch nicht hinein gegangen werden.

Weiter Richtung Südwesten finden Sie die Grafschaft Kerry. Wie Sie sicherlich aus dem Geschichtsunterricht schon wissen, war Königin Viktoria von 1837-1901 Königin des Vereinigten Königreiches von Großbritannien und Irland. Königin Viktoria verliebte sich schon nach ihrem ersten Besuch total in Irland, was man ihr natürlich nicht vorwerfen kann, denn wer verliebt sich schon nicht in dieses unscheinbare, aber ausnahmslos wunderbarste Land Europas? Das Interesse und die damit wachsende Zuneigung für Irland begannen, als sie 1861 die Grafschaft Kerry besuchte. Die Königin, die schon die dritte Reise nach Irland machte, wollte unbedingt, dass Killarney auf allen Karten eingezeichnet wird, damit jeder es besuchen kann. Damit war für Killarney, der einst kleine und unscheinbare Ort in Kerry, ein Platz unter den schönsten Touristenattraktionen gesichert.

Doch während ihres Aufenthaltes in Killarney war nicht nur Königin Viktoria, sondern auch ihre Hofdamen viel durch die paradiesische Gegend gereist. Inmitten des heutigen Killarney Nationalparks fanden die Hofdamen einen hinreißenden Aussichtspunkt, der auch noch heute als „Ladies' View" bekannt ist. Diesen Aussichtspunkt finden Sie an der Nationalstraße N71 von Killarney Richtung Kenmare. Hier erblicken Sie Seen, welche es im Herzen des gesamten Killarney Nationalparks zu bestaunen gibt. Diese Schönheit ist einfach grenzenlos. Sie vergessen, in welcher Zeit Sie leben sowie die hektische und stressige Zeit Zuhause und Sie erkennen, dass sie nicht nur in Irland sind, sondern an einem Ort, an dem die Zeit stehen zu bleiben scheint.

An genau einem dieser drei Seen, die Sie an der „Ladies' View" sehen können, liegt das Muckross Haus. Das viktorianische Haus aus dem 19. Jahrhundert steht inmitten des Killarney Nationalparks. Dieses elegante und geschmackvolle Herrenhaus liegt nicht weit vom Ufer des Lake Muckross entfernt und wurde von Henry Arthur Herbert und seiner Frau Mary Balfour Herbert zwischen 1839 und 1843 erbaut. William Burn, ein berühmter schottischer Architekt, designte das außerordentlich reizvolle Herrenhaus.

Den Höhepunkt des gesellschaftlichen Ansehens der beiden Herrenhausbesitzer war der anstehende Besuch von Königin Victoria 1861. Dadurch, dass die Königin ihren Besuch sechs Jahre zuvor ankündigte, war genug Zeit, um das Muckross Haus und den Garten weiter auszubauen. Die Räume, in denen die Königin nächtigen sollte, wurden mit den seltensten Schmuckstücken und Betten ausgestattet, die die Familie Herbert finden konnte. Die ganzen Vorbereitungen auf den hohen Besuch ließen die Familie pleitegehen, denn die Familie gab Unmengen von

Geldsummen aus, die sie einfach nicht mehr tragen konnten. Diese Verschuldung führte sogar so weit, dass 1897 der Besitz an einen Gläubiger abgegeben werden musste. Doch das wichtigste dabei ist: Als Königin Viktoria im Jahr 1861 das Muckross Haus besuchte, um den umwerfenden Ort Killarney zu besichtigen, brachte sie ihr eigenes Bett und ihr eigenes 100-köpfiges Gefolge mit. Die ganzen untragbaren Geldausgaben waren also „umsonst" gewesen.

Nehmen Sie sich die Zeit und besichtigen Sie das Herrenhaus. Von außen scheint es zuerst ein einfaches Herrenhaus zu sein, das es so oft auf der Welt gibt. Doch das Innere des Hauses hat viel mehr Flair als das Äußere. Die netten und freundlichen, zum Großteil deutschsprechenden Führungen erklären die Geschichte des Hauses während des Rundganges. Sie werden erstaunt sein, wie verrückt man sich machen kann, wenn eine Königin ihren Besuch ankündigt. Die speziellen Details, die in das Haus eingebaut worden sind, sehen Sie nicht, wenn Sie eigenständig durch das Haus schlendern. Deswegen ist die Führung sehr empfehlenswert.

Das Muckross Haus oder auch der Killarney Nationalpark sind oft Startpunkte zum Besichtigen der weiteren Highlights in Irland. So zum Beispiel die berühmteste Küstenstraße Irlands. Dieser Wild Atlantik Way zieht sich über 152 Kilometer und Sie umfahren ihn in drei Stunden, wenn Sie mit dem Auto unterwegs sind. Der Ring of Kerry ist eine wunderschöne, manchmal sehr enge Küstenstraße in der Grafschaft Kerry.

Der erste Abschnitt des Ring of Kerry bildet eine kleine, schmale und von Bäumen umsäumte Straße. Diese führt direkt in ruhige und friedliche Landschaften. Killorglin, eine Stadt, die an der Straße des Ring of Kerrys liegt, hat einen besonderen Höhepunkt, denn sie präsentiert inmitten der Stadt eine Ziegen-Statue. Jedes Jahr aufs Neue darf sich eine Ziege, welche in den Bergen wohnt, zum König der Ziegen krönen lassen. Während dieser Krönung feiern die Bewohner oder auch Besucher der Stadt ein mehrtägiges Fest mit lauter Musik, viel Tanz und natürlich einer Menge Spaß.

Der Beginn dieser verrückten Tradition wird in den heidnischen Zeiten vermutet. Damals nannte man dieses Fest noch „Puck Fair". Offizielle Aufzeichnungen zeigen, dass dieses Festival schon im frühen 17. Jahrhundert gefeiert wurde. Leider ist das „Puck

Fair" Festival nicht das ganze Jahr über. Wenn Sie nicht gerade in der Zeit des Festes das Land bereisen, dann können Sie trotzdem zu jeder Jahreszeit feiern, denn die Stadt präsentiert wunderbare Pubs und Cafés, die das ganze Jahr über offen haben.

Vielleicht haben Sie ja Glück und eine dieser besonderen Bergziegen zeigt sich bei Ihrer Fahrt durch Kerry. Weitere 20 Minuten vergehen, nachdem Sie Killorglin verlassen haben. Sie erreichen Glenbeigh, während Sie den Weg dorthin genießen. Dieses nette, ruhige Dorf, welches Berge und weite Landschaften zu bieten hat, ist wahrscheinlich durch den riesigen Sandstrand „Rossbeigh Strand" zur Naturschönheit ernannt worden. Machen Sie sich bereit, einen unvergesslichen Spaziergang zu machen.

Natürlich können Sie auch einen Vierbeiner zu Hilfe nehmen und einen Ausritt genießen. Bei schönem Wetter ist eine Runde zu schwimmen auch sehr zu empfehlen. Doch wenn Ihnen das dann doch alles zu anstrengend ist, dann sollten Sie sich einfach ein ruhiges Plätzchen suchen und die wunderschöne Aussicht genießen. Dies ist ein ganz besonderer Ort, an dem Sie Zeit haben, über alles nachzudenken. Sie hören das Rauschen des Meeres, genießen den eindrucksvollen Ausblick und lassen sich von den, hoffentlich vielen, Sonnenstrahlen aufs Gesicht scheinen. Nach dieser ausgiebigen Entspannungspause wäre ein kleiner Abstecher von der N27 zur Gab of Dunloe eine spannende Idee.

Natürlich ist so etwas nur möglich, wenn Sie mit einem Privat-PKW unterwegs sind, denn Reise- oder Tourenbusse werden den Ring of Kerry nur selten verlassen. Wenn Sie die N27 verlassen haben, dann wartet hier ein kleiner Pass auf Sie. Dieser Pass schlängelt sich durch die bekannte Bergkette MacGillycuddy's Reek. Dort sollten Sie unbedingt das Auto stehen lassen und ab einem kleinen Häuschen einen ausgiebigen Rundgang von ca. 8 Kilometern zu Fuß machen. Hier werden Sie über Trampelpfade, durch die hohen Berge und an ausreichenden Seen vorbeimarschieren.

Weiter mit dem Auto auf dem Ring of Kerry entlang finden Sie Cahersiveen. Es ist eine westlich gelegene Stadt. Cahersiveen liegt am Berg Bentee und kann eine Geschichte erzählen, die Sie sich nicht vorstellen können. Damals im 19. Jahrhundert war einiges los in Cahersiveen, denn hier finden sich die Old Barracks. In der Legende über die Old Barracks erzählt man sich, dass dieser Bau der Royal Irish Constabluary 1870 ein Irrtum war. Die britischen Behörden waren wohl so in Eile, dass die Baupläne vertauscht wurden. In dieser Eile hatten damals die Behörden einen Bauplan, welcher eine Polizeistation in Indien aufzeigte, für die Polizeistation in Irland verwendet.

Deshalb hat dieser Bau so unglaubwürdige Türmchen, die gar nicht zu Irland passen. Weiter den Ring of Kerry entlang, finden sie ca. 25 Minuten später einen Weg nach Waterville, der sich die Straße durch eindrucksvolle Aussichten und mit Ausblick auf die Skellig-Halbinsel schlägt. Die Farben der eindrucksvollen Umgebung werden immer einmal wieder durch die Farben des naheliegenden Ozeans vollkommen gemacht.

Dieser Teil Irlands lässt den Alltag Zuhause vergessen, denn hier lässt die wilde Schönheit der Landschaften nicht mit sich spaßen. Dieser Teil Irlands zeigt das „wilde Irland". Hier treffen verschiedene, aber harmonische Farben der Natur aufeinander und lassen ein wie vom Künstler gemaltes Bild die Augen jedes Besuchers erstaunen. Beginnen Sie einen Rundgang mitten im Dorf. Hier erkennen Sie selbst, wieso dieser Ort so träumerisch schön ist. Hier können Sie zwischen tief dunkelgrünen Hügeln und dem Ozean, welcher strahlend blau in der Mittagssonne erscheint, wandern, golfen oder auch jeder weiteren Outdoor-Aktivität nachgehen.

Und ein weiterer Willkommensgruß aus Waterville ist, dass dieser Teil der Insel ein internationaler Sternenpark ist. Tagsüber können Sie die wunderschöne und farbenfrohe Landschaft in Ihr Inneres aufsaugen und nachts blicken Sie auf einen majestätischen Himmel mit zahlreichen atemberaubenden Sternenbildern. Fahren Sie nun weiter die schlängelnde Küstenstraße entlang und begeben Sie sich auf den Berg, welcher einen Ausblick über den filmreifen, strahlenden Sandstrand zeigt. Sie werden alles um Sie herum vergessen.

Die sanften Wellenschläge, die hell- und tiefgrüne Hügellandschaft und die ausgezeichnete Aussicht über die schmalen Buchten machen diesen Sandstrand für Spaziergänge ideal. Doch nicht nur spazieren, sondern auch entspannen können Sie hier. Genießen Sie die salzige Brise und atmen Sie die frische Luft ein. Es ist einfach herrlich. Nicht weit entfernt von diesem ausgezeichneten Erholungsort werden Sie das Derrynane House entdecken. Dieses aus dem 19. Jahrhundert entsprungene Herrenhaus sollten Sie sich nicht entgehen lassen. Entdecken Sie das Derrynane House und spazieren Sie durch das wunderbare kleine Wäldchen auf dem Anwesen. Nun aber genug mit den fesselnden Landschaften. Folgen Sie dem Ring of Kerry weiter Richtung Sneem. Diese ländliche Idylle bietet Ihnen nun nicht nur tolle Landschaften. Nein, dieses kleine Städtchen ist etwas ganz Besonderes. Die farbenfrohen, schmal aufeinanderliegenden Häuser verzaubern diesen umwerfenden Ort in einen filmreifen Flair.

Hier werden Sie also nicht nur von den Landschaften gefesselt, sondern auch von dem postkartenreifen Ambiente in einen Film katapultiert. Nach circa weiteren 23 Minuten erreichen Sie dann die Stadt Kenmare. Die Stadtmitte erreichen Sie durch wunderschöne Wälder, die mit einer gepflasterten Straße zu durchfahren sind. Die davor strahlend grünen Wiesen werden durch dichte Wälder getauscht. Legen Sie unbedingt einen Zwischenstopp am Bootshaus „Dromquinna Manor" ein. Hier können Sie die köstliche irische Küche testen. Direkt in der Stadt Kenmare finden Sie zahlreiche

Strickwarengeschäfte, die eindrucksvollen Restaurants und die Stände mit durchaus leckeren Meeresfrüchten. Diese Stadt ist historisch und verbindet den traditionellen Charme Irlands mit moderner Lässigkeit.

Hier finden Sie elegante Galerien, uralte Pubs, Antiquitätenläden, Buchgeschäfte und Delikatessenläden. Der letzte wichtige Punkt der Küstenstraße ist ein Gebirgspass mit eindrucksvollen Aussichten, der Gebirgspass „Moll's Gab". Den Namen hat der Pass von Moll Kissane, die im 19. Jahrhundert hier eine illegale Bar betrieb. Der perfekte Ort, an dem Sie die Aussicht genießen können, ist bei „Avoca Handweavers". Hier sehen Sie über alles hinweg und können die idyllische Landschaft mit hohen tiefgrünen Bergen, rauschenden Flüssen und strahlendblauen Seen genießen. Machen Sie die Augen zu und hören Sie einfach in die Stille hinein und in das Rauschen des hinter den Bergen gelegenen Meeres. Der Wind weht durch die Landschaft und jeder Grashalm bewegt sich zum Rauschen des Windes. Sie hören jeden einzelnen Grashalm rascheln und spüren das Flair der wunderschönen Grünen Insel.

Weiter in Richtung Süden entdecken Sie die

Stadt Cork. Diese Stadt allein bietet schon einige wunderbare Sehenswürdigkeiten. Machen Sie einen Stopp in der Stadt und besuchen Sie unbedingt den English Market. Den Markt gibt es seit 1788 und ist alles andere als Englisch.

Den Namen verdankt er ausschließlich seiner protestantischen Wurzeln. Wenn Sie die Tore zum English Market durchqueren, werden Sie stauen. Denn dieser Markt ist nicht nur ein Markt. Nein, er ist riesig. Sie finden traditionelle Gerichte wie Drisheen (Blutwurstgericht) oder Pig's Trotters (Schweinefüße). Die ca. 55 Marktstände werden mit Brot, Käse, Obst und Gemüse geschmückt. Schlendern Sie gemütlich, am besten mit einem riesigen Korb, durch die aufgebauten Stände und lassen Sie sich von ihrer Vielfalt überraschen. Ganz besonders sind die Marktstände, an denen Fisch verkauft wird. Die Fische gibt es in jeder Form und Farbe zu kaufen. Riesige Ausstellungen von Fischen zieren die Stände. Das ist definitiv ein Foto wert! Wenn Sie also gestärkt sind durch die vielen Proben an jedem einzelnen Stand, gehen Sie weiter in die Stadt hinein und bestaunen Sie das Cork City Gaol. Das eigentliche Gefängnis sieht mehr nach einem

Schloss aus als nach einem Sträflingsheim. Es ist eine großartige gotische und klassische Architektur, die durch ihre eleganten Mauern leicht zu täuschen ist. Doch vergessen Sie nicht, im Inneren des Gefängnisses saßen schreckliche Täter.

Während einer Führung können Sie sich in die damaligen Lebensverhältnisse im Gefängnis hineinversetzen. Verpassen Sie das nicht. Damals, im Jahr 1923, knoteten 42 Gefangene des Gefängnisses, in dem meist nur Frauen festgehalten worden waren, Bettlaken und Kleidung zusammen. Damit flohen sie über die Gefängnismauern. Genau das Gegenteil eines Gefängnisses ist die gegenüberliegende geschichtenreiche Kirche mit ihrem Glockenturm. Sie erkennen die Kirche am roten Sandstein und weißen Kalkstein. Diese farbige Kirche wurde 1722 erbaut. Doch sollten Sie sich keineswegs auf die Kirchturmuhr verlassen, denn ihr Spitzname ist „Four-Faced-Liar", das heißt, sie ist ein Lügner mit vier Gesichtern. Je nach Blickwinkel des Betrachters ist es nämlich möglich, dass die Zeit nicht bei jedem übereinstimmt.

Nachdem Sie Cork beeindruckt hat, werden Sie Kilkenny lieben. Denn Kilkenny ist eine kleine,

durchaus spektakuläre Stadt mit einer mit Kletter-
pflanzen umrankten Burg, blühender Kunsthand-
werkerszene, Geheimgängen und wundervollen far-
bigen Häusern. In Kilkenny reiht sich Haus an Haus
und jedes Haus hat eine andere Farbe. Von Rot über
Grün bis hin zu Neon-Pink ist Kilkenny eine ver-
rückte und bunte Stadt.

Die kleinen Boutiquen werden von unzähligen
Barber-Shops vervollständigt. Denn bei dem Wind,
der in Kilkenny weht, brauchen Sie dringend, am
besten alle zwei Häuser, einen Friseur. Die Frisur
wird ständig zerstört, aber das nimmt man hin. Denn
Kilkenny hat eine spannende Geschichte, die Sie auf
keinen Fall verpassen dürfen.

Kilkenny ist das Herz und die Seele Irlands, welches noch mittelalterliche Wurzeln hat. Es ist berühmt für die elektrisierende Atmosphäre im Laby-
rinth aus engen normannischen Gassen. Im Ver-
gleich zu den anderen Städten in Irland ist Kilkenny
zwar klein, aber die architektonischen Schmuckstücke der Stadt bieten ein unbeschreibliches Ambiente. In Kilkenny können Sie in fast jedem Café einen
leckeren Irish Coffee trinken und jeder Pub hat das
berühmte Kilkenny Bier auf Lager. Die Geschichte

des Kilkenny Biers geht bis auf das 14. Jahrhundert zurück. Damals wurde in der St. Francis Abbey eine Brauerei erbaut. Diese Brauerei fand man in dem kleinen Städtchen Kilkenny. Hier wurde das dunkle schmackhafte Bier zum ersten Mal gebraut.

EIN BESUCH IN DER HAUPTSTADT IRLANDS

Irlands wunderschöne Hauptstadt Dublin erkunden Sie schon kurz, wenn Sie am Flughafen landen. Doch da die Reise meist zuerst in die ländlichen Gegenden Irlands geht, werden viele Schmuckstücke Dublins nur flüchtig erhascht. Wenn Sie Irland besuchen, nehmen Sie sich unbedingt die Zeit und schlendern Sie durch Dublin. Die engen Gassen mit Kopfsteinpflaster, die vielen verschiedenen Boutiquen und die zahlreichen Pubs, in dem die Musik und das Bier nur so herausquollen, sind nirgends so zu erleben wie in Dublin. Wenn Sie allein, ohne Reiseleitung, nach Irland reisen, sollten Sie sich einen Mietwagen anschaffen, wobei das Autofahren auf der linken Seite sehr anstrengend ist und viel Übung mit sich bringt. Wenn Sie sich aber nur Dublin anschauen wollen, dann können Sie ganz einfach mit einer Leap Visitor Karte mit dem Shuttlebus vom Flughafen bis in die Stadt fahren. Es macht überhaupt keinen Aufwand und ist sehr einfach. Denn denselben Bus an derselben Haltestelle, an der Sie ausgestiegen sind, können Sie auch an Ihrem Abreisetag wieder zurück zum Flughafen verwenden. Die Karte ist praktisch, da sie nicht nur für den Flughafenshuttle verwendet werden kann, sondern auch alle Straßenbahnen und Busse in und um Dublin können damit gefahren werden. Diese Karte verleiht Ihnen Flexibilität und verschafft die Möglichkeit, frei und ohne Hilfe Dublin selbstständig zu erkunden.

Beginnen Sie im Zentrum von Dublin. Hier finden Sie zahlreiche Einkaufsläden, viel Hektik auf den Straßen und Unmengen von Menschen, die sich durch die teilweise kleinen Gassen drängen. Wenn Sie diesen Ort gefunden haben, der nicht sehr schwer zu finden ist, denn Sie müssen einfach nur den Menschenmassen folgen, dann sind Sie in der Temple Bar angelangt. Die Temple Bar ist nicht nur die berühmteste und durchaus teuerste Bar der Stadt, sondern auch das Viertel der Pubs und Cafés. Hier wird es Ihnen mit Sicherheit nicht langweilig, denn aus jedem Pub dröhnt laute Livemusik und die Iren feiern lauthals mit. Das alleinige Durchlaufen durch die engen, mit Kopfstein gepflasterten Gassen macht schon riesigen Spaß. Natürlich dürfen Sie nicht verpassen, auch in einem dieser Pubs zu verweilen. Ganz egal, ob Sie dort das typisch irische Frühstück mit Bohnen, Eier, Speck, Toast, ein paar Würstchen (irische Bangers) und einer Blut- und Leberwurst (Black Pudding, White Pudding) genießen oder abends auf ein oder mehrere Biere durch die Pubs schlendern möchten – Hier ist für jeden etwas dabei.

Wenn Sie die Gassen wieder verlassen, hören Sie schon das wilde Getümmel der Stadt wieder, denn an der Hauptstraße fahren Autos, Linien- und Touristenbusse. Es ist viel los. Laufen Sie weiter in Richtung des Flusses Liffey, welcher durch Dublin fließt, und überqueren Sie die Brücke. Auf dieser Seite des Flusses finden Sie das Wachsfiguren-Kabinett, in welches Sie hinein gehen können. Es ist immer wieder schön, berühmte Personen so hautnah zu treffen, auch wenn keiner auf die eifrigen Fragen der Touristen antworten kann. Es ist immer wieder ein Foto wert. Verpassen Sie das nicht.

Wenn Sie der Straße weiter folgen, kommen Sie an das größte College in Irland, das Trinity College. In jedem amerikanischen oder britischen Film werden die High School Abgänger immer mit in die ersten Tage des Colleges begleitet. Man kann sich gar nicht vorstellen, dass solch ein Campus wie eine eigene Stadt aufgebaut ist. Doch das erkennen Sie, wenn Sie durch die Tore des Trinity College hindurchgehen. Lassen Sie den Campus Flair auf sich wirken und verweilen Sie erst einmal ein paar Minuten inmitten des riesigen Platzes. Rechts und links von Ihnen erkennen Sie eine Vielzahl von Wohnhäusern, die voll mit fleißigen Studenten bewohnt sind. Stellen Sie sich vor, dass in diesem College vielleicht einmal Studenten das Heilmittel für Krebs erfinden werden oder vielleicht fliegende Autos.

Wenn Sie daran denken, dann besichtigen Sie den Campus schon mit ganz anderen Augen. Natürlich sollten Sie die Bibliothek besichtigen und weiter in das Collegeleben eintauchen. Doch vergessen Sie nicht, vorher einen Reiseführer zu beauftragen oder selbst nach den Tickets für die Bücherei zu sehen. Ganz einfach sind Online-Eintrittskarten für die wohl schönste Bibliothek zu kaufen. Diese können im Voraus ausgedruckt werden. In der Bibliothek finden Sie das allzeit bekannte Book of Kells. Dieses Buch ist aus dem 8. Jahrhundert und bekannt als das besondere Buch in der Malerei der Bücher.

Wenn Sie den Raum, in dem das besondere Buch steht, verlassen, gehen Sie in das nächste Stockwerk und kommen in einen Raum, der sich wie ein magischer Ort anfühlt. Hier können Sie fast meinen, in einem Harry Potter Film mitzuspielen. Der Saal gleicht einem riesigen Eingangsbereich eines atemberaubenden Anwesens. Hier ist das Wissensadrenalin sogar in den Adern zu spüren. Hier werden nicht nur die alten und wertvollen Bücher der Geschichte aufbewahrt, sondern auch wichtige Exemplare anderer Länder, welche in dieser Bibliothek gut aufgehoben sind. Doch die kostbarsten Schätze dieser Bücherei sind die der Buchmalerei.

Nach der spannenden Besichtigung können Sie noch im gegenüberliegenden Campus-Café einen Kaffee trinken und den Studenten dabei zuschauen, wie sie sich auf die nächsten Vorlesungen vorbereiten und lernen. Wenn Sie dann den Ausgang des Colleges nehmen, laufen Sie direkt auf das Whiskey Museum zu. Welch Zufall! Sie können jetzt also das

Whiskey Museum besuchen oder Ihrem Shopping-
drang nachgehen, denn die berühmteste Einkaufs-
straße Dublins, die Grafton Street, liegt jetzt ebenfalls direkt vor Ihnen.

Das Whiskey Museum bedarf zuerst ein Ticket
für die Führungen. Diese Tickets finden Sie im Tou-
rist Office direkt neben dem Museum. Hier werden
Sie auch gleich für eine der Führungen angemeldet.
Je nachdem, wie viel Sie ausgeben möchten, können
Sie drei verschiedenen Führungen buchen. Eigentlich sind die Führungen immer gleich, nur die Anzahl
der Whiskey, die Sie im Anschluss an den geschicht-
lichen Teil probieren dürfen, variiert. Für jemanden,
der einfach das Flair ausprobieren möchte und drei
unterschiedliche Whiskey mit Anweisungen der
Führung probieren möchte, ist das günstigste Paket
einwandfrei. Dann gehen Sie also mit Ihrem Ticket
die Treppe nach oben und zeigen dieses an der Re-
zeption. Die Führungen sind alle in Englisch. Für
Leute, die sich mit dem Englischen schwertun, sind
aber Guides in fast jeder Sprache vorhanden.

Das ist eine sehr praktische Alternative. Die
Führungen starten zu verschiedenen Zeiten, da im
eigentlichen Museum nicht sehr viel Platz ist. Bis die

eigene Führung startet, darf man aber im museumseigenen Café warten. Hier kann man einen Kaffee, aber auch einen Whiskey trinken. Sehr praktisch! Wenn Sie dann dran sind, werden Sie mit Ihrer Nummer, welche auf dem Kassenzettel steht, aufgerufen.

Dann dürfen Sie der Museumsführung folgen und alle Leute versammeln sich in einem kleinen Raum. Hier ist eine Leinwand aufgebaut und die Führung beginnt. Lassen Sie sich das nicht entgehen. Hier erfahren Sie Dinge über Irland und die Whiskey Brauereien, die Sie in keinem Reiseführer oder ähnlichen Unterlagen finden werden. Am Ende der Führung darf man natürlich das „Tasting" nicht vergessen. Von der Führung ausgewählte Whiskeys werden hier probiert. Auch hier lernen Sie einige nützliche Informationen zum Whiskey. Es ist definitiv ein Besuch wert.

Doch Irland ist nicht nur bekannt durch seinen guten Whiskey. Es ist auch bekannt für sein leckeres Bier. Wie in der virtuellen Rundreise schon beschrieben, ist nicht nur das Kilkenny Bier ein geschichtlicher Begleiter Irlands, sondern auch das Guinness. Im Guinness Storehouse erfahren Sie in einem 7-stöckigen Palast voller Spaß und Spannung die

Geschichte des legendären irischen Bieres. Genießen Sie hier den Panoramablick über Dublin City. Natürlich dürfen Sie das Bier-Tasting nicht vergessen. Sehen Sie, wie das irische Bier gebraut wird. Erleben Sie hautnah die Arbeit der Braumeister und genießen Sie den köstlichen Geschmack des dunklen Bieres.

Nach der Führung switchen Sie zurück in Dublins Stadtmitte. Hier finden Sie die St. Patricks Cathedral. Diese anglikanische Kathedrale entstand im frühen 13. Jahrhundert. Ganz typisch für dieses Zeitalter war die Kirche mit gotischen Merkmalen gebaut worden. Diese Kirche wurde während einer Fehde zwischen den Grafen von Ormond und Kildare 1492 zu einem Friedenszeichen. Denn Ormond verschanzt sich während der Fehde in der Kirche, wobei Kildare dann endlich den Konflikt beenden wollte.

Die Tür am nördlichen Querhaus ist also nicht nur eine große Holztür. Kildare schlug ein Loch in die Tür und reichte als Zeichen der Friedfertigkeit seinen Arm hindurch. So wurde Frieden geschlossen. Wenn Sie nach der Besichtigung der Kirche eine Pause brauchen, dann ist der nahegelegene St. Patricks Park die perfekte Umgebung dafür. Der

Überlieferung nach ist das der Ort, an dem Patrick um 450 Menschen zum Christentum bekehrt und getauft haben soll.

GEHEIMTIPPS FÜR KENNER

Wie Sie nun sicher schon mitbekommen haben, sind die Iren ein märchenhaftes Volk. Ihre zahlreichen Geschichten machen jeden Zentimeter, den Sie in Irland betreten, zu einem Abenteuer. Jeder kleinste, noch so unscheinbare Fleck in Irland hat eine Hintergrundgeschichte. So macht Ihnen das Entdecken nicht nur Spaß, sondern Sie können sich einwandfrei in die Kultur und Lebensweise der irischen Bürger hineinversetzen. Ein sehr bekanntes Volkslied handelt von einem Tim Finnegan. Wenn Sie Irland besuchen möchten, dann sollten Sie dieses Lied auf jeden Fall schon einmal gehört haben.

In „Finnegans Wake" geht es um einen sonderbaren, höflichen Iren, der ein Handwerker war, welcher versuchte, in der Welt aufzusteigen. Doch morgens trank Tim immer einen Tropfen Whiskey, damit sein Tag nicht ganz so schlimm werden konnte. Eines Morgens aber hatte Tim einfach zu viel

Whiskey erwischt. Dabei hatte er starke Kopfschmerzen und sein ganzer Körper zitterte. Während seiner Arbeit fiel Tim von der Leiter und starb. All seine Kollegen und Freunde brachten ihn nach Hause und deckten ihn mit einem sauberen Tuch zu. Eine Flasche Whiskey stellten sie an seine Füße und Bier neben seinen Kopf.

Wie Sie sicherlich schon wissen, sind die Iren für ihren unglaublich guten Whiskey und ihr leckeres dunkles Bier bekannt. Manchmal jedoch können sie es nicht verleugnen, dass sie zu tief ins Glas schauen, denn die Iren können wie Seemänner trinken und feiern wie Könige. Zumindest merken Sie das sofort, wenn Sie einen irischen Pub besuchen.

Ein wichtiger Tipp, den Sie im Hinterkopf behalten sollten, wenn Sie einen irischen Pub in Hülle und Fülle erleben möchten: Informieren Sie sich vorher in der Stadt oder in dem Dorf, in dem Sie hausen, darüber, ob es einen Live-Abend oder Ähnliches gibt. Denn an solchen Abenden lernen Sie die Iren in bester Feierlaune kennen. Danach sollten Sie sicherstellen, dass Sie rechtzeitig in den Pub gehen, denn im Handumdrehen ist der Pub rappelvoll und die Zapfhähne der Bierfässer glühen. Apropos Zapfhähne:

Wenn Sie ein Guinness bestellen, dann sollten Sie darauf achten, dass dieses nicht mehr als 5,50 Euro kostet. Falls es doch mehr kosten sollte, dann suchen Sie sich lieber einen anderen Pub. Denn das wären alles nur Touristenpreise und Sie müssten unnötig viel Geld ausgeben. Ein weiterer wichtiger Punkt in puncto Bier ist: Wenn ein Ire Sie auf ein Guinness oder ein anderes Bier einlädt, dann ist das nicht nur eine höfliche Geste, sondern auch der Aufruf, dass die nächste Runde von Ihnen bezahlt werden muss. Zu guter Letzt sollten Sie wissen, dass die Iren die Maßeinheiten der Biere sehr ernst nehmen. Wenn Sie, wie in einem Pub eigentlich üblich, ein Pint Guinness bestellen, dann bekommen Sie ein fast überlaufendes Glas voll Bier, denn ein Pint sind 0,5683 Liter und dieses Pint ist erst mit Abschluss des Glasrandes erreicht.

Wenn Sie all diese Sachen beachten, dann kann nichts mehr schief gehen, außer dass Sie eventuell singend, schwankend und gut gelaunt nach einem unbeschreiblichen Abend in einem irischen Pub nach Hause gehen. Prost!

GEHEIMTIPPS FÜR LOW BUDGET

Sie sind gerne unterwegs, können sich aber keine teuren Luxushotels oder Flüge in der ersten Klasse leisten? Dann sollten Sie sich keineswegs das Reisen verbieten lassen. Zuerst müssen Sie sich einen günstigen Flug nach Irland buchen.

Oft sind die Flüge unter der Woche günstiger als am Wochenende. Auch mit Flügen abends zu späterer Stunde können Sie viel Geld sparen. Nutzen Sie Angebote für Billigflüge. Diese finden Sie z. B. auf Internetseiten wie opodo.de oder fluege.de. Wenn Ihnen egal ist, wo Sie sitzen, dann verzichten Sie auch auf Sitzplatzbuchungen und reisen Sie nur mit Handgepäck. Für ein Wochenende oder mehrere Tage in Irland ist ein Handgepäck völlig ausreichend. Wenn Sie jedoch eine Woche oder länger Irland besichtigen wollen, sollten Sie ein kleines Aufgabegepäck dazu buchen. Dies können Sie ebenfalls auf Internetseiten wie opodo.de oder fluege.de machen.

Danach sollten Sie ein geeignetes, günstiges Hostel finden. Zu empfehlen ist das An Oige Hostel in der 61 Mountjoy Street. Es liegt sehr zentral und ist eine super günstige Alternative zu einem Hotel in der Stadtmitte. Eine Alternative ist auch das Sheldon

Park Hotel in der 131 Kylemore Road. Dieses elegante Hotel mit traditionellen Zimmern und einem eigenen Pub liegt etwas außerhalb von Dublins Stadtmitte, doch die Straßenbahnverbindung zu diesem Hotel ist sehr günstig. Das Hotel ist groß und hat viele Parkplätze, falls Sie mit einem Mietauto unterwegs sind. Der Pub ist abends gut besucht und bringt das irische Flair mit sich. Am Wochenende ist immer ein Live-Unterhaltungsprogramm vorhanden.

Sie möchten gerne shoppen gehen, haben aber nicht genug Geld, um in den edlen Boutiquen von Irland einkaufen zu gehen? Dann sollten Sie unbedingt die Secondhand-Märkte in Dublins Stadtmitte besuchen. Hier bekommen Sie Designer-Marken zu günstigen Preisen. Zu finden sind die Märkte in der Temple Bar-Gegend. Laufen Sie also durch die gepflasterten Gassen und entdecken Sie das ein oder andere Schnäppchen.

Wenn Sie dann bei Ihrer Rundreise den Süden Irlands erreicht haben und den Killarney Nationalpark durchfahren, sollten Sie im Genting zu Mittag essen. Hier ist das Preis-Leistungs-Verhältnis super und Sie können thailändisches Curry, Fisch und Schalentiere verspeisen. Zu finden ist dieses einfache Restaurant in der Innisfallen Shopping Mall in der Main Street.

Weiter an der Westküste entlang können Sie mit freiem Eintritt den Stadtpalast Lynch's Castle, welcher aus dem 15. Jahrhundert stammt, besuchen. Heute ist es eine Bank und in der Shop Street in Galway zu finden. Ebenfalls ist das Clew Bay Heritage Centre, in welchem Objekte, Dokumente und Fotos zur Geschichte der Clew Bay präsentiert werden, mit seinen ca. 3 € Eintritt eine günstige Alternative für regnerische Tage.

Weiter Richtung Kilkenny können Sie sich den Eintritt des Kilkenny Castle sparen, wenn Sie durch den Park spazieren. Hier sehen Sie auch die wunderschönen Bauten und können nebenbei das tolle Wetter genießen. Und das alles kostenlos. Wenn Sie dann doch noch etwas Geschichte erleben möchten, dann sollten Sie die Butler Gallery besuchen. Diese Galerie präsentiert moderne Kunst im Schloss, und das kostenlos.

Sie möchten traditionelle Musik hören, Vorlesungen besuchen oder den irischen Volkstanz bestaunen, aber nicht viel Geld für Eintritte oder in Pubs ausgeben? Dann sollten Sie unbedingt das

Kulturzentrum Brù Borù besuchen. Hier finden Sie all diese Dinge und das für freien oder preiswerten Eintritt.

Zusammenfassend sollten Sie nicht mehr als 5,50 € für ein Guinness, 4,00 € für einen Kaffee, 1,80 € für eine Liter Super Benzin und 12 € für ein Mittagessen ausgeben. Alle Preise, die über dieser Norm liegen, sind ausschließlich zu Touristenzwecken da, denn damit können die Iren ihr Geld verdienen. Gehen Sie nicht in Pubs, die direkt an der Hauptstraße liegen. Trauen Sie sich, in die Seitengassen zu schlendern und dort etwas zu essen oder sogar einige Guinness zu trinken. Hier sehen Sie nicht nur, wie auch Einheimische ihren Abend verbringen, sondern sparen auch eine Menge Geld. Denn in diesen Pubs oder Restaurants zahlen Sie durchschnittlich 2-3 € weniger als in den Haupttouristenattraktionen.

Achten Sie auf all diese Dinge und genießen Sie die unbeschreiblichen, atemberaubenden Landschaften mit den verschiedenen Grüntönen und den zahlreichen Schafen, die durch Steinmauern getrennt sind. Erleben Sie Irland so, wie die Iren es erleben. Tauchen Sie ein in ein Land voller Geschichten, Sagen und Legenden. Dieses Land ist nicht nur

die Grüne Insel, es ist auch das Land, das alle Alltagssorgen vergessen lässt und sich selbst wie in einem
Märchen träumen lässt.

Wer dieses Land besucht und bereist, kann sich
nie wieder vorstellen, zurück nach Hause zu fliegen.

Packliste

Geld & Finanzen

O (evtl.) Auslandswährung
O Bargeld
O Bauchtasche
O Brustbeutel
O Bauchtasche
O EC-Karte
O Kreditkarte
O Notfall-Telefonnummern der Banken
O Portmonee

Hygiene

O Haarbürste / Kamm
O Deo (klein)
O Shampoo
O Kulturtasche
O Sonnencreme
O Taschentücher

O Reise-Zahnbürste und Zahnpasta
O Verhütungsmittel

Kleidung

O Badeklamotten
O Gürtel
O Hosen kurz / lang
O Mütze / Cap / Hut
O Pullover
O Regenjacke
O Schlafanzug
O Socken
O Sonnenbrille
O Sportklamotten / Jogginghose
O T-Shirts
O Unterwäsche

Medikamente

O Blasenpflaster
O Anti-Durchfalltabletten
O Erste-Hilfe-Set

O Fiebertabletten

O Fiebertabletten

O Mückenschutz

O sonstige Medikamente

O Pflaster

O Kopfschmerztabletten

Unterlagen & Papiere

O ADAC Unterlagen

O Adresslisten für Postkarten

O Krankversicherungsnachweis

O Stadtplan

O Führerschein

O Unterlagen für die Unterkunft

O Wasserdichte Hülle für Reiseunterlagen

O Impfausweis

O Mietwagenunterlagen

O Personalausweis

O Reisepass

O Reisetagebuch

O evtl. Studentenausweis

O evtl. Visum
O Zug- / Bahn- / Flugticket

Taschen & Rucksäcke

O Koffer / Trolley / Reisetasche
O Regenhülle für Rucksack
O Rucksack

Schuhe

O Badeschlappen / Hausschuhe
O Schuhe und Wechselschuhe

Sonstiges

O Brille / Kontaktlinsen und Etui
O Buch zum Lesen
O Ohrenstöpsel und Schlafmaske
O Regenschirm
O Reisedecke
O Wasserflasche
O Wörterbuch

Elektronik

O Digitalkamera
O Handy
O Ladekabel
O Kopfhörer
O evtl. Steckdosenadapter
O Power-Bank

Herstellung und Verlag:
BoD – Books on Demand, Norderstedt
ISBN: 9783750425774

© Nora Willing 2020
1. Auflage
Kontakt: Psiana eCom UG/ Berumer Str. 44/ 26844 Jemgum
Covergestaltung: Fenna Larsson
Coverfoto: depositphotos.com